Rekru-Tier
www.rekrutier.de

„Vollkommen egal,
was die Leute dazu sagen,
wichtig ist,
dass sie etwas sagen!"

Rekru-Tier
MLM Trickkiste

Lass dich ansprechen!

Spielend leicht Kontakte gewinnen mit T-Shirt-Werbung

Inhalt

Vorwort

Liebe Networker, liebe Vertriebler,
bei unseren Recruiting-Tipps handelt es sich um über mehrere Jahre gesammelte Strategien und Vorgehensweisen, die wir allesamt persönlich und erfolgreich in der Praxis ausprobiert haben und von deren Gelingen wir fest überzeugt sind.

Sehen Sie unsere Ideen als Inspiration für Ihr eigenes Tun und lassen Sie sich mitreißen von neuen und erfrischenden Gedanken. Wir wissen mittlerweile aus eigener Erfahrung, dass beim Geschäftspartneraufbau in Vertrieb und MLM nicht nur Fleiß und Arbeit mittel- und langfristig zum Erfolg führen, sondern vor allem Fantasie und Vorstellungskraft sowie die Anwendung von neuen Strategien – manchmal auch von ungewöhnlichen und „bauernschlauen" Strategien!

Gerade beim Rekrutieren und Sponsern von neuen Partnern sind wir jeden Tag und immer wieder aufs Neue gefordert, denn es gibt unheimlich viele Variablen, die über Erfolg und Misserfolg entscheiden können. Der Grat zwischen Triumph und Niederlage ist ziemlich schmal, denn bei der Arbeit mit Menschen gibt es relativ wenige Standards.

Wer die Menschen von heute mit den Strategien von gestern oder gar vorgestern gewinnen will, wird relativ schnell an seine Grenzen kommen. Bleiben Sie deshalb ständig in Bewegung und entwickeln Sie sich mit!

Bitte beachten Sie Folgendes:
Was bei dem einen funktioniert, kann beim anderen wirkungslos bleiben.

Genau das macht das Gewinnen von neuen Geschäftspartnern so interessant und oftmals auch zu einer Herausforderung. Wir haben es bei Menschen immer wieder mit vollkommen verschiedenen Persönlichkeitstypen zu tun, Lebensumstände sind niemals gleich, Ort und Zeit einem schnellen Wandel unterlegen, und das, was gestern noch funktioniert hat, ist heute schon Schnee von gestern oder umgekehrt.

Deswegen müssen wir immer wieder „unsere Säge" schärfen, über den Tellerrand hinausblicken und vor allem in der Praxis TUN und ausprobieren, was zu uns passt!

Und es gibt noch einen sehr wichtigen Aspekt, vielleicht sogar den wichtigsten, den Sie sich bei Ihrer Arbeit immer wieder vor Augen halten müssen.

Beim Rekrutieren und Sponsern entscheidet nicht die angewandte Methode darüber, ob etwas funktioniert oder nicht, sondern der- oder diejenige, die sie kontinuierlich und mit Überzeugung anwendet.

Wir wünschen Ihnen von ganzem Herzen, dass Sie mit unserer Hilfe eine Recruiting-Strategie finden, die zu Ihnen passt, mit der Sie sich identifizieren können und die Sie erfolgreich im Tagesgeschäft anwenden werden!

Kontaktstark grüßt Sie Ihr REKRU-Tier
Tobias Schlosser

Shirts and Pitches

Wer nicht wirbt, der stirbt!

Mit Sicherheit haben Sie schon einmal Menschen gesehen, die auf ihren T-Shirts oder auch Sweatshirts flotte Sprüche oder knackige Werbepitches stehen hatten. Man könnte es auch andersherum sagen, wahrscheinlich sehen Sie heutzutage nur noch wenige Menschen, die ein T-Shirt tragen, auf dem keine Aufschrift oder eine Werbepitch zu finden ist.

Große Konzerne haben diesen Markt schon lange erkannt und schlagen sogar zwei Fliegen mit einer Klappe. Sie verkaufen Textilien mit ihren Werbebotschaften für teures Geld an Heerscharen von Kunden, die dann auch noch durch das Tragen dieser Sachen kostenlos Werbung für die erwähnten Firmen machen.
Sie nutzen damit den Drang eines jeden Menschen nach Anerkennung und danach, durch das Tragen bestimmter Sachen oder Textilien etwas darzustellen. Fast jeder Mensch möchte mit dem Aufdruck auf seiner Kleidung etwas ausdrücken, eine bestimmte Meinung demonstrieren, einen gewissen Lifestyle kommunizieren oder einfach nur anders sein als die anderen.

Be different!

Das Prinzip ist einfach, je cooler die Werbebotschaft oder die Pitch der Firma, desto besser der Absatz der Produkte. So ein Aufdruck sticht ins Auge, wird oft gelesen und sorgt immer wieder für Gesprächsstoff oder gelegentlichen Smalltalk zwischen dem Träger des T-Shirts und anderen Zeitgenossen.

Voraussetzung dafür, dass es zum Smalltalk oder zur Konversation kommt, ist allerdings, dass die Sprüche außergewöhnlich sind, möglichst ein wenig polarisieren, vielleicht sogar provozieren!

Das Grundprinzip lautet hierbei: „Vollkommen egal, was die Leute dazu sagen, wichtig ist, dass sie etwas sagen!"

Da stellt sich nur noch eine Frage: Warum nutzen so wenige Networker und Vertriebler diese kostengünstige Variante, um auf sich, ihre Produkte oder besser noch ihre Geschäftsidee aufmerksam zu machen?

Ich kann Ihnen sagen, warum! Weil die meisten Networker sehr starren Denkmustern folgen und der Meinung sind, dass klassische Werbung im Network nicht funktioniert, dass Network-Marketing-Produkte in der Regel nicht gekauft, sondern verkauft

Wenn der Mund offen ist, dann ist das Geschäft offen!

werden und dass MLM meistens nur über das persönliche Gespräch zwischen Menschen läuft.

Das ist so weit klar, und genau mit dieser Meinung haben sie auch recht. Allerdings spricht nichts dagegen, sich der Instrumente aus dem „klassischen" Marketing zu bedienen, um genau diese persönlichen Gespräche von „Mensch zu Mensch" zu provozieren beziehungsweise anzuregen!

Bei einer Vielzahl von Networkern und Vertrieblern entsteht nämlich immer wieder nur aus einem einzigen Grund ein Engpass. Es finden zu wenige persönliche Gespräche „von Mensch zu Mensch" statt, und es ergeben sich zu wenige Gelegenheiten, um über Produkte oder das Geschäft zu reden.

Denn wenn es zu einer Gesprächssituation kommt, gibt doch jeder Networker sein Bestes und berichtet begeistert von seiner Mission.

Also, lasst uns noch mehr Gelegenheiten heraufbeschwören! Ich habe schon Menschen kennengelernt, die provozieren vorsätzlich Autounfälle, um Geld zu verdienen. Warum sollten wir also nicht vorsätzlich Gelegenheiten provozieren, um über das einzigartige MLM-Business zu berichten :-)?

Will man nun den Weg der T-Shirt-Werbung für sich als Networker nutzen, muss man wissen, dass es nicht reicht, sich einen Spruch einfallen zu lassen, diesen auf ein Shirt zu drucken und zu warten, dass ihn vielleicht ein anderer Mensch cool findet, darüber staunt oder gar ins Internet geht und googelt, was Sie da anbieten.

Nein, damit ist es nicht getan. Als Networker ist man quasi gezwungen, in die Oberliga dieser Werbeform aufzusteigen. Von Beginn an sollte man mit dem Aufdruck auf dem T-Shirt das höchste Ziel verfolgen, nämlich dass der Leser dieses Spruches nachfragt, was die Aufschrift bedeutet.

Nur wenn er nachfragt, ist das für Sie als Networker die ideale Steilvorlage, um von Ihrem Geschäft zu erzählen oder die „Recruitingschleuder" auszupacken. Wohlgemerkt, man kann auch über sein Geschäft berichten, ohne dass man konkret gefragt wird, allerdings ist die erste Variante die wesentlich edlere!

Stellen Sie sich einmal folgende Situation vor: Sie kreieren eine interessante Pitch, drucken diese auf ein T-Shirt und verbringen den ganzen Tag als lebende Litfaßsäule.

Wenn Ihre Pitch gut ist, dann werden Sie vielleicht einmal am Tag darauf angesprochen, wenn Ihre Pitch sehr gut ist, dann möglicherweise zweimal, und wenn Sie eine echt außergewöhnliche, vielleicht sogar provozierende Pitch haben, dann passiert es Ihnen unter Umständen, dass Sie mehrmals am Tag darauf angesprochen werden. Das heißt konkret, dass Sie als schlauer Networker nicht nur andere Personen ansprechen, sondern, dass Sie sich zusätzlich auch noch von anderen Menschen ansprechen lassen.

Sie machen also aus der Not eine Tugend und drehen den Spieß um. Eine schöne Vorstellung, oder?

Vielleicht sind Sie sogar ein richtiger Großdenker und lassen drei, fünf oder sogar sieben T-Shirts mit unterschiedlichen Pitches drucken und tragen jeden Tag ein anderes.

Das wiederum könnte dazu führen, dass Sie sich gar nicht mehr retten können vor Gesprächen und Anfragen und von Ihrem Umfeld als total verrückt eingestuft werden.

Ein Shirt mit einer guten Pitch ist ja schon nicht schlecht, aber bitte bedenken Sie, was passiert, wenn Sie jeden Tag ein anderes tragen und die Pitches sogar noch derart gut sind, dass sie richtig für Gesprächsstoff sorgen. Damit kommen die Leute doch gar nicht mehr klar, und Sie müssen möglicherweise auf Schritt und Tritt Rede und Antwort stehen.

Es könnte also passieren, dass Sie richtig gefordert sind.

T-Shirt-Werbung praktisch umgesetzt

Welche Möglichkeiten der T-Shirt-Werbung Sie haben, wie ideale Pitches aussehen sollten, wie Ihre zukünftige Vorgehensweise sein könnte – das möchte ich Ihnen auf den folgenden Seiten schildern.

Wie die Idee der T-Shirt-Werbung für Networker entstand

Lassen Sie uns noch kurz darüber sprechen, wie wir bei REKRU-TIER auf dieses Thema gekommen sind und wie wir diese Strategie perfektioniert haben.

Im Jahr 2006 hatten wir während der Fußball-WM ein einschneidendes Erlebnis, und zwar mit T-Shirts, auf denen die Schweizer Nationalflagge aufgedruckt war, auch wenn wir natürlich Fans der deutschen Nationalelf waren.
Der Hintergrund dieser Aktion war, dass Rainer von Massenbach genau zu diesem Zeitpunkt in München Direktkontakt zu einem jungen, dynamischen Schweizer hatte und ihn für eine Zusammenarbeit im Vertrieb motivieren konnte.

Aus Gründen des Commitments trugen deshalb sowohl RvM als auch sein neuer Geschäftspartner

ständig das Schweizer T-Shirt, und es kam, wie es kommen musste. Auf jedem Event und jeder Veranstaltung wurden die Jungs darauf angesprochen.
Ist ja klar, denn schließlich ist es nicht ganz „normal", auf einer deutschen Fanmeile in einem Schweizer T-Shirt herumzulaufen.

Daraus lässt sich die erste wichtige Erkenntnis ableiten. Wenn man zur richtigen Zeit am richtigen Ort das richtige oder auch das „falsche" T-Shirt trägt, dann wird man tatsächlich darauf angesprochen.

Auf Grundlage dieser Erlebnisse perfektionierten die Jungs dann ihre Strategie für die Direktansprache. Wenn sie abends in Diskotheken unterwegs waren und junge Leute auf einen guten Zusatzverdienst im Vertrieb ansprachen, dann hatten sie immer ihre T-Shirts an.

Automatisch kam dann die Frage auf: *Kommt ihr aus der Schweiz?*

Rainers Geschäftspartner sagte dann immer:
Ja, natürlich! Wir arbeiten im Geldgeschäft, und ich bin Exklusivpartner der Firma XYZ! Wir bauen hier in München einen neuen Geschäftsbereich auf und suchen noch junge, dynamische Leute für unterschied-

18

liche Bereiche der Unternehmensexpansion! Hast du Interesse?

Allein aufgrund der Tatsache, dass der Schweizer in Deutschland einen sehr guten Ruf hat und rein gefühlsmäßig den ultimativen Durchblick im Bereich Geldanlage und Steueroptimierung, waren die Jungs bei der Ansprache sehr erfolgreich. Vielleicht fühlte es sich für die Kontaktierten auch besser an, von einem Schweizer auf die Themen Zusatzverdienst und Karriere angesprochen zu werden als von einem Deutschen.

Wie auch immer, ihre Quoten bei der Ansprache waren in der Tat besser als ohne Schweizer T-Shirt, wahrscheinlich weil der Schweizer an sich ja viel seriöser ist als der Deutsche! Oder so ähnlich … ;-)!

Status quo

So weit zu unseren ersten Erfahrungen mit bedruckten T-Shirts. Heute tragen wir auf unseren Seminaren und Workshops ausschließlich T-Shirts mit Werbung für unsere Produkte. Wir lieben unsere Produkte so sehr, dass wir ständig Werbung dafür machen.
Rainer von Massenbach trägt zum Beispiel ein Shirt mit dem Aufdruck **„Dich krieg ich auch noch!"**. Hierbei handelt es sich um den Titel seines Buches

19

zum Thema professionelles Kontaktmanagement für MLM und Vertrieb.

Ich habe ein Shirt mit dem Konterfei vom **„Rekru-Tier"** und sehe damit eher aus wie ein kleines Kind, aber nicht wie ein Referent oder Speaker (übrigens tragen meine Freundin und ich diese Shirts auch beim Schlafen), und unser dritter Mann, der Max, trägt hin und wieder das Shirt, auf dem die Pitch von unserer DVD **„Die Chance – Das Leben mit Net-work-Marketing"** – **„Nutze sie!"** zu lesen ist oder einfach nur der schlichte Schriftzug **„Salesman"**.

Ich kann Ihnen versichern, dass wir, egal wo wir hin-kommen, immer für Aufsehen und eine Menge Gesprächsstoff sorgen. Wir können uns teilweise vor Gesprächen kaum retten. Wenn wir unterwegs sind, werden wir immer auf unsere Shirts angesprochen: an Autobahnraststätten, Tankstellen, Flughäfen, öffentlichen Toiletten oder in der Lobby eines Hotels.

Sie haben richtig gehört, wir werden angesprochen!!!

Rainer wird ständig gefragt: *Wie ist denn das gemeint ...?,* oder: *Was bedeutet dieser Spruch?* Andere sagen: *Das ist ja ein ganz schön provokanter Satz ...,* und wieder andere, meist Frauen, lachen und sagen: *Nein, nein, mich kriegen Sie nicht …!*, oder: *Sie sind so alt wie mein Sohn, das wird nix mit uns …!*

Mir geht es so, dass die Leute immer ein wenig schmunzeln, wenn ich ihnen im Fahrstuhl gegenüberstehe, und fragen: *Was ist denn ein **REKRU-Tier**? Ist das eine Comicfigur?*

Lange Rede, kurzer Sinn, die Menschen möchten alles Mögliche wissen, teilweise auch kuriose Dinge, aber eines ist sicher: Wir sind, ob wir wollen oder nicht, ständig dazu „verdammt", darüber zu reden, was wir tun, was wir für Geschäfte machen und warum wir diese Klamotten tragen. Und genau das ist es doch, worum es im Network-Marketing geht.

___

Sprich jeden Tag mit mindestens drei Menschen über deine Geschäftsidee!

___

Damit dieses Konzept aufgeht, müssen Sie sich allerdings an Orten aufhalten, wo Menschen sozusagen auf Tuchfühlung mit Ihnen sind oder in größeren Gruppen zusammenstehen.

Es bringt nichts, sich so ein Shirt machen zu lassen, durch die Fußgängerzone zu spazieren und dann

Seien Sie umtriebig!

darauf zu warten, dass man von anderen Menschen angesprochen wird. Das funktioniert nicht, weil dort der direkte Kontakt zu den Leuten fehlt.

Gut funktioniert es allerdings immer bei Locations, wo man sowieso mit Menschen kommuniziert, beispielsweise an der Tankstelle, in Diskotheken, auf Autobahnraststätten, in Restaurants, beim Einkaufen, auf der Arbeit, auf öffentlichen Veranstaltungen, in öffentlichen Verkehrsmitteln oder Ähnlichem.

Der zweite, aber nicht weniger wichtige Punkt, der gegeben sein sollte, ist eine gewisse Kommunikationsfreudigkeit! Im Klartext heißt das, es nützt Ihnen gar nichts, wenn Sie dreimal oder mehrmals am Tag auf Ihre Klamotten angesprochen werden, dann aber dastehen, als hätte es Ihnen die Sprache verschlagen, und Sie kein einziges Wort herausbekommen.

Sie sollten also in der Lage sein, zumindest einen kurzen Smalltalk zu führen, um dabei elegant auf Ihr Business zu lenken.

Einen wichtigen Punkt möchte ich an dieser Stelle noch erwähnen. Das T-Shirt muss natürlich auch tatsächlich getragen werden! Ja, Sie haben richtig gelesen, man muss es anziehen! Ich erwähne diesen Part deswegen, weil es tatsächlich Networker gibt, die meinen Ratschlag befolgt haben, sich sieben oder mehr solcher Shirts haben drucken lassen und diese nicht tragen!

Ein anderes Beispiel dieser Art ist, dass mir Teilnehmer unserer Seminare immer wieder ganz stolz ihre aufwendig gestalteten Hochglanzvisitenkarten zeigen und mich um meine Meinung bitten.

Meine Frage lautet dann: *Wie viele davon hast du denn in den letzten Tagen verteilt und wie viele Kontakte hast du geknüpft?* Meistens schauen mich die Leute daraufhin mit großen Augen an, und die Antwort lautet: *Na, ja, noch keine ... ;-(!*

Also, es nutzt die beste Karte nichts, wenn sie nicht verteilt wird, und es nutzt auch das stylischste T-Shirt mit der genialsten Pitch nichts, wenn es nicht „spazieren getragen" wird.

Die Devise lautet also auch hier: „Ran an die Menschen!" oder wie ein ehemaliger Kollege von mir zu sagen pflegt:

Zweimal täglich Szene putzen :-)

Wenn Sie sich nun mit dem Thema beschäftigen und sich entschließen, für sich und Ihr Business eine solche T-Shirt-Werbung zu kreieren, dann sollten Sie sich anfangs nicht in allzu großen Perfektionismus stürzen, sich aber zumindest über ein paar wenige Dinge Gedanken machen.

Versetzen Sie sich als Erstes bitte in die Situation desjenigen, der den Spruch liest oder Ihr Logo anschaut, und fragen Sie sich: „Was wollen Sie mit Ihrem Spruch beim Leser bewirken?" Denken Sie immer daran, dass die anderen Menschen nicht die gleichen Informationen haben wie Sie und deshalb Ihre Sprüche auf ihre eigene Art und Weise interpretieren werden.

Aus meiner Sicht ist das Beste, was passieren kann oder sogar muss, dass Ihre Pitch so interessant ist oder polarisiert, dass der Leser nachfragt, was sie denn bedeutet, oder aber, dass er sich zu irgendeiner Aussage darüber hinreißen lässt und Sie die Möglichkeit haben, ein Gespräch aufzunehmen.

Die Aufschrift sollte also eine gewisse Neugier wecken oder vielleicht sogar als Frage formuliert werden, auf die der Leser spontan „seinen Senf" geben möchte!

Beispielpitches und Inspirationen

Im Folgenden ein paar Varianten für T-Shirt-Werbung, die wir selbst oder auch Kunden von uns erfolgreich ausprobiert haben:

1) „Ich bin kein Chirurg, sorge aber für gutes Aussehen!"

2) „Ich bin Dealer!"
   „Auf Verjüngungskur"

3) „Beiß mich, ich bin ein verzauberter Apfel!"

4) „Du kannst mich nicht so anschauen und dann nichts sagen!"

5) „Geldmaschine!"
   „Joblokomotive"
   „Erfolgsbeschleuniger"

6) „Brauchst du Geld?"
   „Zeitschenker"

7) „Bitte keinen Ärger!"

8) „Schaf im Wolfspelz!"

9) „Ich brauch dich!"
   „I like MLM"

10) „Versicherungsfuzzi"

11) „PC-Ente"

12) „Faltenbügler"
    „Faltenbuster"
    „Geldmaschine Bügelparty"

13) „Suche männliche Bügelhilfe"
    „Suche weibliche Bügelhilfe"

14) „Dich bügel ich auch noch"
    „Beautyfarmer"

15) „Sprich du mich an, ich trau mich nicht!"

16) „Plaudertasche"
    „Geschichten erzählen, Geld verdienen"

17) „Geld wird nicht mit Arbeit verdient"

18) „Bitte keine Versicherung"

19) „Anleger zum Anlegen"

20) „Machmabutterbeidefische"

21) „Miau"
   „Wuff"
   „Hundefreund"
   „Katzenfreund"
   „Tierfreund"
   „Hast du auch ein Haustier?"

22) „Jobcenter"
   „Agentur für Erfolg"
   „Agentur für finanzielle Intelligenz"
   „Agentur für tolles Aussehen"
   „Agentur für gesundes Altern"

23) „Chancengeber"
   „Chancenverteiler"

24) „Hallo, wie geht's?"
   „Hallo, ich mag dich!"

25) „Schau mir nicht auf die Brust"
   „Zeig mir deinen Kontostand"

26) „Stinktier"
   „Duftikus"
   „Duftbroker"

27) „I like Trockenobst"
   „Gemüsegroßhändler"
   „Vitamindealer"

28) „Well-Ager"
   „Happy-Ager"

29) „Hasch mich"
   „Fang mich"

30) „Cash Money Brother"
   „Cash Money Sister"

31) „Frührentner"
   „Teilzeitrentner"
   „Teilzeitjobber"
   „Minijobber"

32) „Family Business"
   „Gelegenheitscatcher"

33) „Obst- und Gemüsehändler"
   „Sieben auf einen Streich"
   „Fünf in einer Kapsel"

34) „Eier legende Wollmilchsau"
   „Chancen kommen immer wieder"

35) „Sparschweintöter"
   „Sparschweinkiller"
   „Festgeldtöter"
   „Sparbuchkiller"
   „Zinsrakete"
   „Renditebuster"

36) „Geld zurück, mit jedem Klick"
   „Edelmetallhändler"
   „Goldmarie"

37) „Moneypipeline"
   „Cashcow"
   „Goldene Gans"
   „Goldesel"

38) „Life is too short, to be poor"

39) „Life is too short, to be sick"

40) „Besser reich und gesund als arm und krank"

41) „Dealmaker"
   „Salesman"
   „Headhunter"

42) „Lachen, klatschen, Geld verdienen"

43) „Geldmangel = Fantasiemangel"

44) „Human Resources Development
Manager/in"

45) „Personalentwickler/in"
„Talentscout"

46) „Bitte zurücklachen"
„Schmunzelhase"

47) „Heureka"
„Ich hab's"
„I got it"

48) „Wer Gold hat, hat immer Geld"
„Reden ist Gold, Silber ist besser"

49) „Nett-Worker"
„Netz-Werker"

50) „Dukatenscheißer"

Eine weitere Möglichkeit der Kontaktaufnahme, die
ebenfalls funktioniert, ist das Bedrucken von Textilien
mit interessanten Domainnamen. Hierbei ist zu beachten, dass die Domains wirklich **hochinteres-**

sante Titel haben müssen, nur dann prägen sie sich ein und werden im Nachhinein von den Menschen, mit denen Sie nicht direkt ins Gespräch gekommen sind, auch aufgerufen.

Möglichkeiten für einprägsame Domainnamen wären zum Beispiel:

- **www.financial-entertainment.de**
- **www.beautyfarmers.de**

– um nur zwei zu nennen.

Sollten Sie für sich die Variante mit den Domains favorisieren, dann achten Sie bitte darauf, dass ein Interessent, der auf Ihre Seite kommt, auch zielführend bedient wird. Überschütten Sie ihn nicht mit zu vielen Informationen, sondern installieren Sie auf der Internetseite nur ein Video mit einer kurzen Geschäftspräsentation und ein Kontaktformular zum Sammeln der Kontakt- und Interessentendaten. Alles andere führt eher zu Verwirrung und endet damit, dass die Leute Ihre Seite verlassen, ohne irgendetwas zu tun.

Möglicher Ablauf des Gesprächs

Sei ein königlicher Informant! Nicht so viel wie möglich, sondern so viel wie nötig!

So, nun möchten Sie wahrscheinlich nur noch wissen, wie es weitergeht?

Wie schon gesagt, die Aufdrucke auf Ihren Shirts können bei Ihren Mitmenschen die unterschiedlichsten Reaktionen hervorrufen.

Manche, und das ist der Idealfall, sprechen Sie an und fragen, was der Aufdruck bedeutet, bei anderen wiederum kann man förmlich sehen, was sie gerade denken, und wieder andere reagieren mit einem Schmunzeln, Kopfschütteln, Verwunderung oder spontanen Lachanfällen.

Bei einigen Zeitgenossen werden Sie sogar bemerken, dass diese ihre Augen einfach nicht von Ihnen lassen können und Sie immer wieder anstarren müssen. Egal wie die Reaktionen ausfallen, es sind für Sie als Networker immer wahre Steilvorlagen, um ein Gespräch über Ihr Geschäft zu führen.

Ego oder Umsatz,
ist das hier die
Frage!

Für uns persönlich gab es in unserer aktiven Vertriebszeit immer nur ein einziges Ziel. Wir wollten nicht nur ein nettes Gespräch führen, sondern aus dieser Kontaktsituation eine so interessante Ansprache entwickeln, dass es am Ende des Gespräches zum Austausch von Visitenkarten oder Telefonnummern kam. Denn eines ist klar: Was nützen Ihnen unzählige nette Gespräche am Tag, in denen Sie begeistert von Ihrer Geschäftsidee, Ihren Produkten und Ihren unternehmerischen Visionen berichten, wenn am Ende nichts Konkretes dabei für Sie herauskommt?

Man kann Network-Marketing nicht in zwei Minuten zwischen Tür und Angel erklären. Deswegen braucht man einen persönlichen Gesprächstermin für eine Geschäftspräsentation.

Dafür wiederum benötigen Sie die Kontaktdaten Ihres Gesprächspartners! Alles andere ist fürs Ego und die Stimmung gut, aber nicht für Ihren Geldbeutel!
Damit eine gute Unterhaltung entsteht, in der am Ende die Kontaktdaten ausgetauscht werden, sollten Sie sich entsprechend vorbereiten und für sich selbst einen kleinen Leitfaden mit Ihrer persönlichen Elevator-Pitch entwickeln, nach dem Sie ein solches Gespräch führen können!

Beispiel 1:

Sie sind auf einer Party eingeladen und tragen Ihr neues Shirt mit der Aufschrift:

„Ich habe einen kleinen … (Job) für dich :-)!"

Sie stehen an der Bar und werden gefragt:
🗨 *Was soll denn das bedeuten?*

Sie sagen:
💬 *Ich muss ein wenig Werbung machen. Das ist der Slogan von einer groß angelegten Joboffensive meiner Firma!*

Gesprächspartner:
🗨 *Aha, und für wen arbeitest du?*

💬 *Ich bin Exklusivpartner von X und wir bauen gerade einen neuen Geschäftsbereich auf. Wir sind im Bereich Y tätig und expandieren in mehreren Unternehmensbereichen! Schon einmal von uns gehört?*

🗨 *Nein, bis jetzt noch nicht!*

💬 *Was, das ist doch fast gar nicht möglich! Dann sollten wir das unbedingt ändern.*

🗯 „Und um was soll es da gehen?!"

💬 Habe mir schon gedacht, dass es dich interessiert. Grundsätzlich geht es darum, wofür sich heutzutage ein jeder interessiert, nämlich, sich bei freier Zeiteinteilung und vollkommen risikolos ein zweites Standbein oder ein lukratives Zusatzeinkommen aufzubauen! Ist so etwas für dich grundsätzlich ein Gesprächsthema? Du würdest gut in unser Team passen.

🗯 Na ja, und was muss man da machen?

💬 Sehr gute Frage. Wir haben mehrere Themen und vollkommen unterschiedliche Stellen zu besetzen. Grundsätzlich geht es um die Bereiche Teamentwicklung, Teamorganisation und Schulung von Teampartnern im Bereich Y! Würden auf dein Konto noch 500 Euro zusätzlich im Monat draufpassen :-)?

🗯 Ja, schon!

💬 Na, dann lass uns doch die Telefonnummern austauschen und bei Gelegenheit telefonieren. Hier ist meine Karte. Wo bist du denn besser erreichbar, unter deiner Festnetznummer oder mobil?

Beispiel 2:

Sie steigen im Hotel in einen Aufzug und tragen Ihr neues Shirt, auf dem Ihr selbst entworfenes Maskottchen prangt.

Sie erinnern sich, ich habe ein Shirt mit dem Aufdruck **Rekru-Tier** an. Vielleicht tragen Sie in Zukunft ein Shirt mit der Aufschrift **Steuerspar-Tier, Rendite-Tier, Gesundheits-Fee, Beauty-Tier, Lifestyle-Tier, Gemüse-Tier, PC-Tier, PC-Ente, Marketing-Tier, Herden-Tier, Anti-Aging-Tier, Anti-Aging-Fee** oder **Invest-Tier** …?

Beim ersten Halt steigt ein weiterer Hotelgast in den Fahrstuhl, steht Ihnen gegenüber und schmunzelt, nachdem er Ihren Schriftzug **„Invest-Tier"** gelesen hat.

Sie:
💬 *Ja, ich muss auch immer schmunzeln, wenn ich am Morgen dieses T-Shirt anziehe!*

Gesprächspartner:
💬 *„Was ist denn ein Invest-Tier?"*

💬 *Die Invest-Tiere sind eine vollkommen neue Gattung, Sie gehören zur Rasse der Anlageexperten.*

Sie erwirtschaften mit Ihren Produkten über-durchschnittliche Renditen von bis zu 15 Prozent für Ihre Kunden!

Oh, 15 Prozent, wo gibt es denn die noch in der heutigen Zeit?

Spaß beiseite, Sie haben vollkommen recht, 15 Prozent sind schwer zu erwirtschaften. Allerdings arbeite ich für eine Firma, die sich auf alternative Anlageformen im Bereich erneuerbare Energien spezialisiert hat! Ein Markt, in dem im Moment sehr gute Geschäfte zu machen sind. Und zwar für beide Seiten. Für die, die aus ihrem Geld mehr machen möchten, und für die, die seriös noch einen guten Euro dazuverdienen wollen. Was wäre denn für Sie persönlich interessanter? Geld vermehren oder dazuverdienen?

Unter Umständen beides!

Na dann lassen Sie uns doch einmal unverbindlich telefonieren. Ich kann Ihnen mit Sicherheit in beiden Bereichen exklusive und äußerst gewinnbringende Informationen geben. Hier haben Sie meine Karte. Wo sind Sie denn besser zu erreichen, mobil oder am Festnetz?

Beispiel 3:
Sie stehen als Fußgänger (männlich) an einer Ampel
und tragen ein Shirt mit der Aufschrift:

**„Sprich du mich an,
ich trau mich nicht :-)!"**

Eine Frau liest Ihre Pitch, schmunzelt und sagt:
Sie sehen gar nicht so schüchtern aus …!

Sie:
*Bin ich auch nicht, ich lass mich nur gerne an-
sprechen :-)!*

Gesprächspartnerin:
Das ist ja clever. Warum denn?

Weil ich gerade mein Unternehmen erweitere!

Ach so, was machen Sie denn?

*Ich vernetze Menschen, die noch Ziele im Le-
ben haben. Mein Thema ist finanzielle Gesund-
heit, und ich brauche Unterstützung im Bereich
Personalmarketing. Wie ich merke, sind Sie sehr
gut drauf und unheimlich kontaktfreudig. Ich
suche Menschen von Ihrem Format, die gut mit*

anderen Menschen umgehen können. Wäre es interessant für Sie, noch etwas nebenbei zu verdienen?

🗨*Worum geht es denn genau?*

🗨*Ich habe im Moment gerade wenig Zeit und würde Ihnen gerne ein wenig konkreter darüber berichten. Damit wir einmal miteinander telefonieren können, gebe ich Ihnen meine Karte. Geben Sie mir Ihre Telefonnummer, dann rufe ich Sie an, wenn ich ein wenig mehr Zeit habe. Wo kann man Sie besser erreichen, unter der Festnetznummer oder mobil?*

Beispiel 4:

Sie sind auf eine Geschäftseröffnung eingeladen und tragen ein Shirt mit der Aufschrift:

„Healthy business, beautyful income!"

Sie stehen an einem Stehtisch.

Ein anderer Gast sagt mit einem Schmunzeln zu Ihnen:

🗨*Das hört sich ja interessant an. Gesunde Geschäfte, schönes Einkommen!*

Sie:

💬 *Ja, das finde ich auch. Es war schon immer mein Anliegen, ein gutes Einkommen im Gesundheits- und Wellnessektor zu verdienen! Was machen Sie denn beruflich …?*

Gesprächspartner:

💬 *Ich bin Betriebswirt und arbeite in der Hotellerie/ Gastronomie. Ich berate Hotelketten im Bereich Kostenoptimierung!*

💬 *Wow, da machen wir ja fast dasselbe :-)! Ich und mein Team beraten Firmen und Einzelpersonen im Bereich gesunde Lebensführung, Ernährungsoptimierung und Happy Aging. Sind das Themen, mit denen Sie in Ihrer Branche auch oft zu tun haben?*

💬 *Ja, natürlich! Das Thema Lebensqualität steht auch bei unserer Dienstleistung ganz weit oben! Gerade für Freizeit und Urlaub geben die Menschen ja immer mehr Geld aus!*

💬 *Ja, das kann ich nur bestätigen. Unsere Branche ist im vergangenen Jahr um 10 Prozent gewachsen. Unsere Firmenumsätze sogar um sagenhafte 22 Prozent. Damit liegen wir ganz an*

der Spitze, und ein Ende ist im Moment nicht ab-
zusehen.

🗨 Wenn ich fragen darf, was machen Sie denn
genau?

🗨 Ich bin zuständig für die Personalgewinnung
und für die internationalen Expansionsaktivitä-
ten! Wir stellen momentan Hunderte von neuen
Beratern und zukünftigen Führungskräften ein,
die natürlich auch alle kompetent geschult und
ausgebildet werden müssen. Ich bin sozusagen
verantwortlich dafür, dass der Laden läuft!

🗨 Na, das hört sich ja nach einer interessanten und
verantwortungsvollen Aufgabe an!

🗨 „Genau das ist es! Und genau dafür brauche ich
noch tatkräftige Unterstützung! Ich gehe zwar
davon aus, dass Sie beruflich sehr zufrieden sind
und dass Sie auch sehr gut verdienen. Aber ich
frage Sie trotzdem einmal! Können Sie sich vorstellen, Ihre Erfahrungen und Kompetenzen, die
Sie aus der Gastronomie mitbringen, in einer anderen Branche gewinnbringend einzusetzen?

🗨 Wie soll ich das verstehen?

💬 *Ganz einfach. Ist es für Sie interessant, beruflich über den Tellerrand hinauszuschauen oder ein lukratives Zusatzeinkommen zu erzielen?*

💬 *Im Moment besteht kein akuter Bedarf, mir geht es ganz gut!*

💬 *Davon gehe ich aus. Ich würde mich trotzdem gerne einmal bei einer Tasse Kaffee in Ruhe mit Ihnen unterhalten. Dann kann ich Ihnen ein wenig mehr zeigen und alle wichtigen Infos zukommen lassen. Ich bin mir sicher, Sie werden begeistert sein!*

💬 *Na, dann bin ich ja gespannt. Die Tasse Kaffee investiere ich!*

💬 *Ich auch. Hier ist meine Karte. Haben Sie auch ein Kärtchen von sich?*

So weit einmal vier Beispiele.

Auf diese oder ähnliche Weise laufen unsere Gespräche ab.

Ich möchte Ihnen als aufgeklärtem Networker an dieser Stelle natürlich auch sagen, dass meine Quote für Interessenten bei dieser Art von Gesprächen dieselbe ist wie bei einem herkömmlichen Direktkontakt, nämlich 1:3 oder 1:4.

Der Vorteil an der T-Shirt-Werbung ist allerdings, dass der für viele so schwierige Gesprächseinstieg mit dieser kleinen Werbehilfe viel leichter fällt. Meistens passiert es nämlich, dass man mit so einem T-Shirt angesprochen wird und es nicht proaktiv selbst tun muss. Das dürfte für die etwas introvertierteren Kollegen und Kolleginnen von uns ein interessanter und entscheidender Punkt sein, und ich bin mir sicher, dass auch die extrovertierten Networker unter uns nichts gegen zusätzliche Gesprächsmöglichkeiten haben.

Sie haben an den oben aufgeführten Dialogen sicherlich bemerkt, dass es darauf ankommt, das Gespräch möglichst so zu führen, dass Ihr Gesprächspartner immer wieder nachfragt, worum es geht!

Wenn er nachfragt, sollten Sie in der Lage sein, Ihre Geschäftsidee in zwei, drei Sätzen zu formulieren und auch am Ende einen Abschluss zu machen. Unter Abschluss verstehe ich, im Gespräch so viel Interesse zu wecken, dass es zum Austausch der Telefonnummern kommt und ein persönliches Treffen oder ein Gesprächstermin anvisiert wird, vielleicht aber auch schon direkt auf eine Geschäftspräsentation eingeladen wird.

Mir ist es an dieser Stelle ein dringendes Anliegen, Sie davor zu warnen, Ihre Antworten in für Networker so typische und nebulöse Worthülsen zu verpacken wie:

- 💬 „Na ja, das kann ich jetzt gar nicht so leicht erklären!"
- 💬 „Lass uns einen Kaffee trinken, und ich erkläre es dir!"
- 💬 „Mit Menschen reden!"
- 💬 „Reich werden!"
- 💬 „Tja …????????"

Das sind nur einige fragwürdige Antworten, die immer wieder auf unseren Seminaren mit bemerkenswerter Begeisterung geäußert werden.

Diese Antworten mögen zwar faktisch und aus Ihrer Sicht richtig sein, weil man ja Network-Marketing nicht so leicht in zwei Minuten erklären kann.

Versetzen Sie sich aber immer in die Lage Ihres Gesprächspartners: Er fragt, worum es geht, und Sie sagen: *Das kann man gar nicht so leicht erklären!*

Was für eine Tätigkeit bitte schön soll das sein, über die man nicht ein paar Worte sagen kann? Vielleicht etwas Illegales? Etwas Unseriöses?

Jeder Mensch kann in der Regel das, was er beruflich macht, in zwei, drei, vielleicht auch vier Sätzen erklären, sodass bei seinem Gesprächspartner eine Logik entsteht und nicht Misstrauen. Warum sollte das ein Networker nicht können? Im Gegenteil, er muss es sogar können, weil er davon lebt, Menschen zu überzeugen.

Also, Sie brauchen eine Elevator-Pitch oder einen Leitfaden für Ihr persönliches Gespräch, womit Sie klar und unmissverständlich Folgendes erklären können:

1) wer Sie sind!

2) in welcher Branche und welchem Markt Sie tätig sind!

3) für welche Company Sie arbeiten!

4) was Sie persönlich dort tun und was Ihre Aufgaben sind!

5) welche Geschäftsideen, Jobideen, Kooperationsmöglichkeiten oder Tätigkeiten Sie für Ihren Gesprächspartner anbieten können!

6) wie Ihre Zukunftsvisionen aussehen und welche Rolle Ihr Gesprächspartner perspektivisch in Ihrem System spielen könnte!

7) dass Sie in den nächsten Tagen ein Gespräch führen wollen, in dem Sie Ihren Gesprächspartner

Tritt gescheit auf, mach 's Maul auf!

persönlich noch besser kennenlernen und die Geschäftsidee konkret besprechen können!

8) dass Sie seine Kontaktdaten für den gemeinsamen Austausch benötigen!

So weit die Strategie, mit der Sie erfolgreich performen können!

Kurzform:

1) Pitch kreieren!

2) T-Shirts bedrucken!

3) Ansprechen lassen!

4) Interesse wecken!

5) Kontakte sammeln!

6) Terminieren und einschreiben!

T-Shirt-Shop als zusätzliche Einnahmequelle

Wo und wie kann ich diese T-Shirts machen lassen?

An dieser Stelle möchte ich Sie mit einigen Hinweisen und Tipps noch ein wenig inspirieren und Ihnen gleichzeitig etwas Arbeit ersparen. Sie können bedruckte T-Shirts ganz einfach und unkompliziert online selbst kreieren und im Internet bestellen.

Unter *www.mlmempfehlungen.de* haben wir für Sie mehrere Anbieter aufgelistet, mit denen wir selbst bereits gute Erfahrungen gemacht haben. Bei den meisten haben Sie die Möglichkeit, die unterschiedlichsten Farben, Formen und Größen von T-Shirts und Sweatshirts auszuwählen und mit selbst erstellten Pitches, Logos oder Sprüchen bedrucken zu lassen.

Wie kann ich damit Geld verdienen?

Für diejenigen, die eventuell schon ein eigenes Team oder eine größere Downline haben, ergibt es durchaus Sinn, einen eigenen Onlineshop anzulegen. Das funktioniert heutzutage komplett ohne Programmierkenntnisse oder sonstiges PC-Wissen, das kann jedes Kind!

In diesem Shop haben Sie dann die Möglichkeit, für spezielle Meetings, Messen oder Sponseraktionen immer wieder neue Kollektionen von eigenen Shirts zu erstellen und anzulegen. Sie versenden den Link zu diesem Shop per E-Mail an Ihre Teampartner, die dort online einkaufen können, ohne dass Sie als Führungskraft selbst Arbeit mit der Bestellung von verschiedenen Größen haben oder die Abrechnungen für die Ware übernehmen müssen. Ein schöner kleiner Nebeneffekt ist, dass Sie an jeder Bestellung in diesem Shop sogar noch partizipieren und, wenn Sie wollen, mitverdienen, denn Sie können vorab selbst eine Gewinnmarge festlegen, die Sie pro verkauftem Shirt verdienen möchten.

Wir haben Kunden mit größeren Teams, die durch Ihre T-Shirt-Shops schon mehrere hundert Euro zusätzlich im Monat verdienen. Es gibt auch andere Kunden, deren Downlines noch gar nicht so groß sind, die aber trotzdem schon ein recht lukratives Zusatzbusiness aufgebaut haben, indem Sie einen solchen Shop angelegt haben und an befreundete Teampartner aus anderen Strukturen oder Crosslines empfehlen.

Ich erwähne dies deshalb, weil ich weiß, dass viele Top-Führungskräfte im Vertrieb zwar die Idee mit den Shirts gut finden, aber in der Praxis keine Zeit

Unternehmerische und geistige Flexibilität sind gefragt!

oder Lust haben, einen solchen Shop anzulegen, oder nicht wissen, wie das geht.

Wir bei REKRU-TIER haben diese Marktlücke schon seit Längerem erkannt und können nur bestätigen, dass die Idee sehr gut angenommen wird, sobald sich jemand um die Einrichtung eines solchen Shops kümmert. Warum sollten Sie das in Zukunft nicht auch machen!?

Sie wissen doch: Eine zusätzliche Möglichkeit, Ihren Shop sehr effektiv zu bewerben, sind eigene Visitenkarten mit aufgedruckten Sprüchen. Diese Visitenkarten können Sie dann zielgruppengenau auf Ihren Geschäftspräsentationen oder auf Meetings Ihres Network-Unternehmens auslegen oder an andere Kollegen verteilen.

Auf *www.mlmempfehlungen.de* erhalten Sie Empfehlungen, bei welchen Anbietern Sie sich kostengünstig solche V-Cards erstellen lassen können.

Übrigens, falls Sie selbst nicht so kreativ sind und Ihnen keine genialen Sprüche einfallen, dann lassen Sie sich doch ein wenig inspirieren. Den T-Shirt-Shop von REKRU-TIER finden Sie unter *www.rekrutier.de/ tshirts.*

Des Weiteren haben Sie mit unserem Branchenbestsellerbuch **„Die REKRU-TIER Elevator Pitch –**

Wenn SIE es nicht machen, dann macht es ein anderer!

Wie Sie sich und Ihr Geschäft in nur einem Satz hochinteressant vorstellen!" ein perfektes Werkzeug in der Hand, wie Sie Ihre eigene Pitch spielend leicht erstellen. Als Zugabe erhalten Sie noch 130 Beispielpitches.

Außerdem gibt es im Internet zahlreiche Seiten mit diversen Sprüchen und Zitaten, die nur darauf warten, auf Ihren Textilien verewigt zu werden. Mit der Suchmaschine Google werden Sie hier relativ schnell fündig. Bitte beachten Sie eventuelle Urheberrechtsbestimmungen und verwenden Sie zu Ihrer eigenen Sicherheit nur ungeschütztes Material.

Ich hoffe, ich konnte Sie mit diesen Zeilen endlich dazu motivieren, nicht mehr für andere, sondern nur noch für sich, Ihre Produkte und Ihr eigenes Unternehmen „Werbung zu laufen".

Wer nicht wirbt,
der stirbt!

Nachwort

Am Anfang ist das sicherlich eine etwas gewöhnungsbedürftige Sache, stets und ständig mit selbst entworfenen Sachen und Logos herumzulaufen, aber ich kann Ihnen versichern, dass Sie es bereits nach kurzer Zeit lieben werden.

Spätestens wenn Ihnen Ihre neuen Klamotten zu weiteren Vertriebspartnern, zum Wachstum Ihrer Downline oder zur Verbesserung Ihres Kontostandes verholfen haben, wollen Sie sich nie wieder davon trennen, und der Tag, an dem das T-Shirt mit Ihrer Lieblingspitch in der Wäsche ist, wird Ihnen wie eine Ewigkeit vorkommen :-)!

Vielleicht entwickeln Sie sich auch zum Kreativdienstleister für Network-Marketing-Unternehmen, der Vertriebspartner mit entsprechenden T-Shirts ausstattet und damit Millionen verdient!

Was auch immer Sie mit unseren Ideen tun, sobald sie Ihnen im Tagesgeschäft weiterhelfen und dazu führen, dass es Ihnen wirtschaftlich besser geht, dann haben wir unseren Job gut gemacht und sind bis in die Haarspitzen motiviert, auch weiterhin unser Bestes für Sie zu geben.

Ich freue mich, vielleicht auch Sie irgendwann in der „freien Wildbahn" zu treffen und Sie wegen Ihrer verrückten oder außergewöhnlichen Pitch ansprechen zu dürfen.

Kontaktstark grüßt Sie Ihr REKRU-Tier
Tobias Schlosser

Mehr Erfolg mit den Tools aus unserer Trickkiste!

In der Reihe **REKRU-TIER MLM Trickkiste** außerdem erschienen:

Band 1: Berater kommen lassen – Die Kunst, Menschen antanzen zu lassen. ISBN 978-3-941412-23-1

Band 2: Guter Bulle, böser Bulle – Die Magie der zwei gegensätzlichen Emotionen. ISBN 978-3-941412-26-2

Band 4: Tiefenduplikation – So machen Sie Ihren Partnern richtig Feuer unter dem Hintern. ISBN 978-3-941412-32-3

Band 5: Geheime Fragetechniken für Networker – So entlocken Sie Ihrem Interessenten ALLES! ISBN 978-3-941412-33-0

Band 6: Repräsentieren hilft beim Rekrutieren – Wie Sie durch ein perfektes Image Ihre Erfolgschancen dramatisch verbessern! ISBN 978-3-941412-38-5

Band 7: Rekrutierungsparadies Messe – Wie Sie rausholen, was rauszuholen geht! ISBN 978-3-941412-39-2

Direktkontakt-Profis aus Leidenschaft ...

Direktkontakt ist eigentlich die natürlichste Art der Kontaktaufnahme von Mensch zu Mensch. Doch warum fällt uns dieser Weg heutzutage so schwer, warum schaffen es nur so wenige, ein großes Network-Marketing aufzubauen?

REKRU-TIER beschäftigt sich seit vielen Jahren mit den Themen **Direktkontakt, Fremdkontakt und Direct Recruiting,** insbesondere **für MLM und Strukturvertriebe.** Ihr Wissen aus über 80 000 Direktkontakten geben die Trainer Rainer Freiherr von Massenbach und Tobias Schlosser in **Workshops, Schulungen / Seminaren** und in ihren **Büchern** weiter.

Die **REKRU-TIER-Methode** begeistert und erweist sich immer wieder als ein unschlagbares Erfolgskonzept.

... unterstützen Sie beim Aufbau Ihres Kontaktnetzwerks

„Sie treffen mit Ihren Buch- und Seminarinhalten
den berühmten ‚Nagel auf den Kopf'."

„Ich bin nun seit 30 Jahren aktiv im Vertrieb, Marketing und im Sales-Management vieler internationaler Großkonzerne und habe schon viele Seminare erlebt. Was aber Sie geliefert haben, hat in puncto Praxisbezug, Authentizität und Realität meine Erwartungen bei Weitem übertroffen."

„Man hat Ihnen in jeder Sekunde Ihr Engagement und Ihren Spaß angemerkt, was den Tag noch lebhafter und interessanter machte."

„Ein klasse Seminar. So viele tolle Beispiele und ‚gelebte' Erfahrungen."

„Was ihr beide da auf die Füße gestellt habt, ist der beste Beweis dafür, dass es nix Größeres gibt als eine Idee, deren Zeit gekommen ist."

(Kundenstimmen zu **REKRU-TIER**)

Networker ohne Vertriebspartner?

Das A und O für jeden erfolgreichen Networker ist es, ein großes Team aufzubauen. In der Praxis oft gar keine so einfache Aufgabe: Wie und wo finde ich die richtigen Leute?

REKRU-TIER hat die besten Ideen dazu für Sie gesammelt und niedergeschrieben.

Sie erhalten komplett kostenlos alle drei Tage per E-Mail einen Tipp, wo / wie und in welcher Situation Sie an neue Geschäftspartner kommen.

Garantiert ist für jeden Networkertyp der ideale Ansatz dabei! Sie brauchen die Ideen nur noch umzusetzen …

Mit uns und unseren Gratistipps kein Thema!

99 TIPPS

WIE SIE AN NEUE GESCHÄFTSPARTNER FÜR IHR MLM KOMMEN

Melden Sie sich an unter
WWW.99SPONSORTIPPS.DE

Bibliografische Information der Deutschen Nationalbibliothek:
Die Deutsche Nationalbibliothek verzeichnet diese Publikation
in der Deutschen Nationalbibliografie; detaillierte bibliografische Daten sind im Internet abrufbar über
http://dnb.d-nb.de

ISBN 978-3-941412-31-6

Impressum:

Verlag:
REKRU-TIER GmbH, München
www.rekrutier.de

Autor: Tobias Schlosser
Covergestaltung: REKRU-TIER GmbH, München
Lektorat: Ute König, Kitzingen, und Bernhard Edlmann,
Raubling
Innenlayout und Satz: Bernhard Edlmann Verlagsdienst-
leistungen, Raubling